Be My Rails
PUBLISHING

www.BeMyRails.com

Adrian und Super-A

ziehen sich an und sagen nein
von Jessica Jensen

Be My Rails

Zeigen Sie beim Lesen auf die Bilder.

Passen Sie das Lesen an das Alter und die Fähigkeiten Ihres Kindes an. Für eine kürzere und einfachere Version des Buches – überspringen Sie einige oder alle kursive Texte.

Lassen Sie Ihr Kind auch darauf zeigen.

Geben Sie zusammen den Daumen nach oben oder nach unten.

Die kleine **Triggeretta** ist eine Freundin, die du im Auge behalten musst! Sie ist lustig ... und sehr einfallsreich.

Folge **Herrn Spur, dem Zug.** Wenn Herr Spur in jedem Waggon ein Bild hat, dann kann er losfahren und sich ausruhen.

Daumi, der Daumen, zeigt uns was richtig und falsch ist. Kannst du einen Daumen hoch geben? Und nach unten?

Adrian ist der große Bruder. Er kann gut zählen und er kann seine Jacke ablegen und sie ganz allein aufhängen.

Super-A kann fliegen und lesen. Ihre Superkräfte sind: Super-Gehör, Super-Blick und Super-Gedächtnis.

Ihr **Kleiner Bruder** kriecht meistens herum. Er isst und pupst und man muss ihm ein Schläfchen erlauben.

Macht euch fertig

Das ist Super-A. Sie kann schneller als ein Zug fliegen!

Super-A ist ein bisschen wie du und ich. Vor dem Schlafengehen kuschelt sie sich an ihre Mama. Mama liest etwas vor und Super-A hört zu. Lesen ist das, was Super-A am liebsten auf der Welt macht. Super-A liebt es, die Bilder in den Bücher zu betrachten. Aber sie hasst es, zu malen! Am meisten mag sie Bilder in hellen Farben. Genau wie ihr gelbes Kleid.

Super-A liebt Gelb. Sie mag auch Schwarz. Der Mantel, durch den Super-A fliegen kann, ist schwarz! Manchmal wollen Mama und Papa, dass Super-A eine andere Farbe trägt. Das macht Super-A wütend. Dann will sie sich niemals anziehen!

☞ Magst du Gelb oder nicht? Zeig auf einen der großen Smileys. Was ist deine Lieblingsfarbe?

Hier ist der Bruder von Super-A, Adrian. Er liebt alles, was blau ist. Er mag Gelb überhaupt nicht. Eigentlich denkt Adrian, dass Gelb eine hässliche Farbe ist.

Aber wenn er das sagt, regt sich Super-A wirklich auf: „Niemals ist Gelb hässlich! Gelb ist die beste Farbe in der Welt!" Das denkt zumindest Super-A.

Daumi, der Daumen, sagt, es ist okay, wenn man verschiedene Farben mag. Jeder ist anders. Jeder mag verschiedene Sachen.

Hier ist das, was ihr kleiner Freund Daumi, der Daumen, sagt:

> Ich mag eins – du magst zwei.
> Ich mag Gelb – du magst Blau.
> Ich mag dieses – du magst jenes.
> Aber du magst mich und ich mag dich!

ERST

DANN

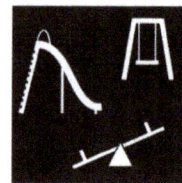

Es ist früh am Morgen und heute hat Super-A einen Plan.
„Lass uns nach draußen gehen und spielen!" Super-A kann
es kaum erwarten. Sie beginnt, hin und her zu flitzen.
„Ja! Ich will auch nach draußen gehen!" Adrian denkt, dass
es ein guter Plan ist. Er mag Gelb nicht, aber er spielt ganz
gerne draußen mit Super-A.

„Aber wartet mal ..." Daumi schaut Adrian und Super-A an. „Gibt
es nicht etwas, was ihr vergessen habt?"

Adrian und Super-A haben immer noch ihre Schlafanzüge an.
Man kann doch nicht im Schlafanzug nach draußen gehen! Die
Leute denken dann, dass man zu Bett gehen sollte. Und die
Schlafanzüge werden schmutzig!

Also, was müssen Adrian und Super-A zuerst tun?

Zuerst müssen Adrian und Super-A sich umziehen.

☞   Zuerst ... umziehen. Dann ... nach draußen gehen.

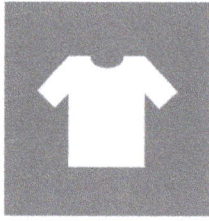

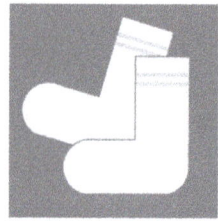

Adrian weiß, wie man sich anzieht. Er kann es selbst tun! Adrian hat ein Schrankfach im Badezimmer. Darauf ist ein Bild von Adrian. Super-A hat auch ein Schrankfach mit einem Bild. Dort legt Mama immer die Kleider für jeden Tag hin.

☞ **Adrian schaut sich die Kleider an. Er muss sich zuerst die weiße Unterhose anziehen. Dann kommt ein T-Shirt und eine Jeans. Und schließlich ... seine graue Socken.**

Mama bereitet immer zwei T-Shirts für Adrian vor. Dann kann er sich zwischen den beiden entscheiden. Er mag das. Aber heute gibt es ein grünes und ein rotes T-Shirt.

Adrian beginnt, sich aufzuregen ... kannst du erraten, warum?

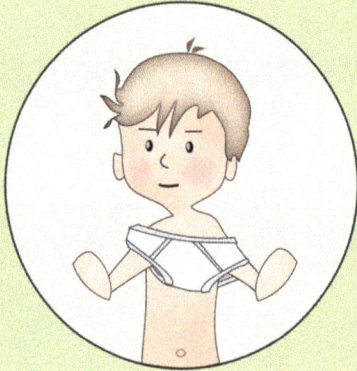

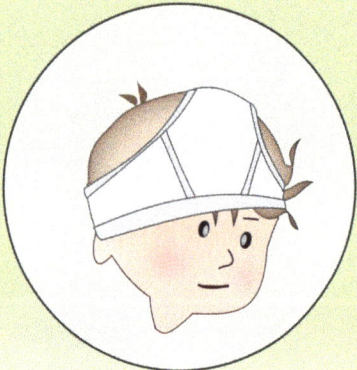

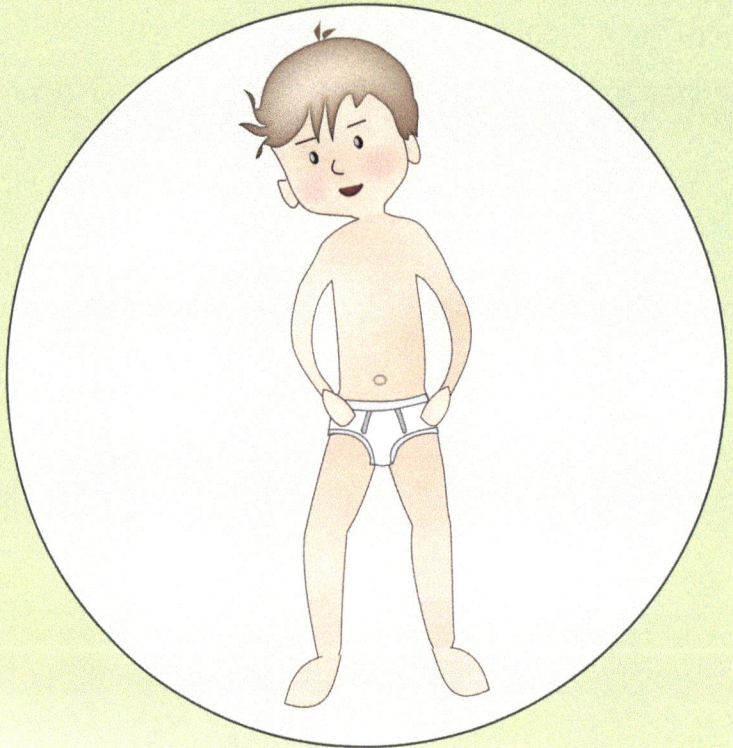

Adrian könnte heute sicher etwas Hilfe brauchen. Wollen wir ihm helfen?

☞ Sollte Adrian seine Unterhose auf den Kopf setzen?
Nein, Daumen nach ... unten! Viel zu verrückt.

Sollte er stattdessen seine Arme durchstecken?
Nein, Daumen nach ... unten!

Sollte Adrian seine Beine in die Unterhose stecken?
Ja! Daumen ... hoch!

Unterwäsche ist eine gute Sache. Das weiß Adrian. Man sollte jeden Tag seine Unterwäsche wechseln. Sonst juckt es und stinkt es nach Pipi und schlimmen Bakterien, die niemand sehen kann. Daumen nach ... unten!

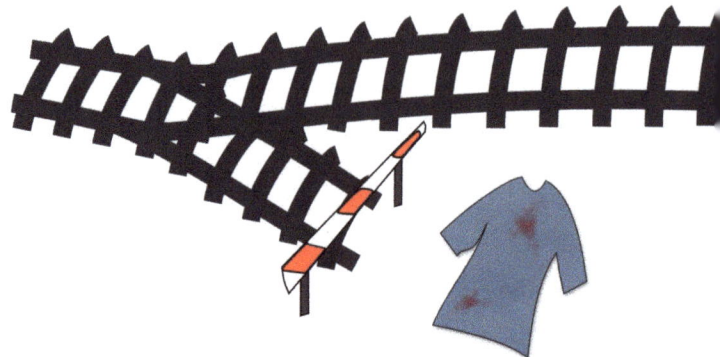

Adrian will heute sein blaues T-Shirt anziehen – dasselbe, das er gestern trug! Aber schau nur! Auf dem T-Shirt sind Ketchup-Flecke. Adrian wird wütend.

Er will das blaue T-Shirt, nicht das grüne. Und auf keinen Fall das neue rote!
„Wenn ich nicht mein Lieblings-T-Shirt haben kann, dann werde ich nichts tragen!" Adrian ist verärgert und er will sich überhaupt nicht anziehen.

„Ach je!", sagt Daumi, der Daumen. „Es ist Zeit für die Spurwechsel-Kappe!"
Adrian muss umdenken. Herr Spur, der Zug, kommt zum Helfen. Adrian kann das blaue T-Shirt nicht haben – diese Spur ist geschlossen. Was nun? Adrian muss auf eine andere Spur. Er wählt dann das neue rote T-Shirt. Daumen ... hoch! Adrian hat seine Meinung geändert.

„Soll ich das Etikett abschneiden?", fragt Papa.
Adrian nickt. Keine kratzenden Etiketten im Nacken. Genau so wie es sein sollte. Er ist jetzt nicht mehr wütend.

Papa hat das Etikett abgeschnitten. Als nächstes zieht sich Adrian seine Jeans an. So, wo sind jetzt die Socken? Sie waren doch gerade hier ... Kannst du sie sehen? Der kleine Bruder hat sie sich auf die Ohren gesetzt. Aber da gehören Socken doch nicht hin! Wo kommen Socken hin?

Die Socken tun aber Adrians Füßen weh. Die Fäden innendrin schnüren seine Zehen ein und klemmen seine Knöchel ab. Also dreht Papa die Socken einfach auf links. Ratet mal, heute wird ein auf links gewendeter Tag für Adrian!

Adrian sieht nett und sauber aus. Daumi stimmt zu ...
Sind deine Daumen bereit?

    Nett und sauber – Daumen ... hoch!
    Nett und sauber – Daumen ... hoch!
    Schmutzige Kleider – bekommt Daumen nach ... unten!
    Nett und sauber – Daumen ... hoch!

Adrian schaut auf das blaue T-Shirt. Siehst du, dass es schmutzig ist? Es sollte in den Wäschekorb – da gehört schmutzige Wäsche hin.

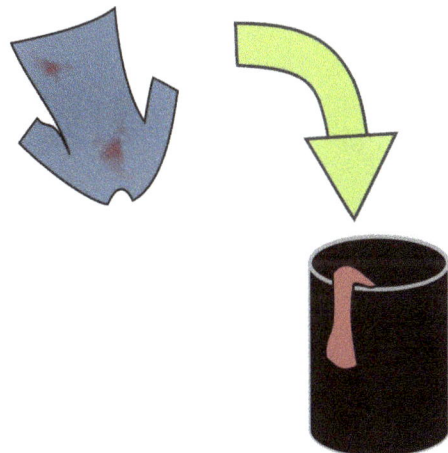

Super-A trägt immer Gelb. Aber heute liegt kein gelbes Kleid im Schrankfach. Heute ist da ein rotes Kleid. Und dieses Kleid ist für Partys! Super-A will nur Gelb tragen. Das weiß Papa. Er schaut sich um. Hmm ... die kleine Triggeretta scheint einiges über das gelbe Kleid zu wissen.

Aber ... wo ist Super-A? Super-A fliegt überall herum. Über den Duschkopf und rund um die Shampoos.

„Super-A! Komm herunter auf deinen gelben Punkt!" Papa zeigt auf den gelben Punkt auf dem Boden. Es ist ein spezieller Punkt. Der ganz spezielle Punkt von Super-A. Dort steht Super-A jeden Morgen zum Anziehen.

Papa wartet auf Super-A. Aber Super-A vergisst auf Papa zu hören. Sie vergisst, dass sie draußen spielen will. Und Super-A vergisst vollkommen, sich anzuziehen.

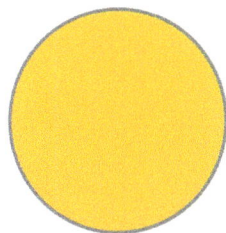

Plötzlich erinnert sich Super-A daran, was Daumi, der Daumen, immer sagt. Bist du bereit?

Still auf dem Punkt – Daumen ... hoch!
Still auf dem Punkt – Daumen ... hoch!
Wirbeln und drehen – bekommt Daumen
nach ... unten!
Still auf dem Punkt – Daumen ... hoch!

Super-A streckt ihre beiden Hände in die Luft. Papa zieht Super-A das gelbe Kleid über. Da. Fertig.

Super-A bürstet nicht gerne ihr Haar. Aber wenn sie es tut, bekommt sie von Papa einen Aufkleber. Ihre Bürste ist fast voll mit Aufklebern. Super-A muss ihre Haare bürsten, sonst werden sie sich verheddern. Und dann würde es genauso wie ein Vogelnest aussehen. Das sagt Mama. Super-A will keine Vögel in ihrem Haar.

Super-A bürstet ihr Haar. Sie bekommt einen Aufkleber. Zuletzt zieht sich Super-A ihren schwarzen Umhang an.

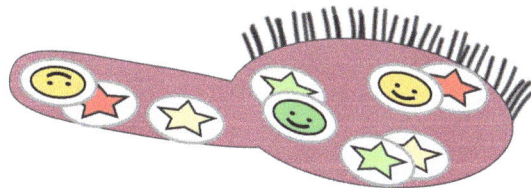

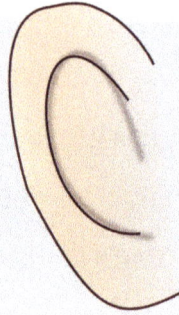

Super-A will sofort nach draußen gehen, um zu spielen. Und sie ist schon auf dem Weg.

„Aber warte!" Ihr kleiner Freund Daumi weiß es besser. „Zuerst ... musst du einen Erwachsenen fragen. Alle Kinder müssen einen Erwachsenen fragen, b-e-v-o-r sie nach draußen gehen."

☞ Super-A will jetzt nach draußen gehen. Adrian will jetzt nach draußen gehen. Aber ist es für Mama auch in Ordnung? Schauen wir mal!

Super-A fragt. Dann hört sie Mama zu. Mama sagt:
„Nein. Ihr müsst erst frühstücken!"

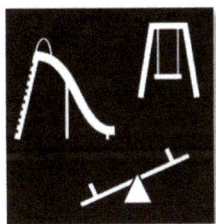

ERST  → DANN

Und Mama hat recht. Niemand will hungrig werden beim Spielen. Adrian und Super-A müssen ihre Spur wechseln. Ausgehen muss warten! Setzt eure Spurwechsel-Kappen auf! Zeit zum Umdenken!

Also gehen Adrian und Super-A nicht nach draußen. Sie helfen Mama, den Tisch zu decken. Und wenn jeder hilft, dann kann man schneller Spaß haben.

Sie frühstücken. Dann räumt Mama ab. Einiges kommt in die Küchenschränke. Anderes muss kalt und frisch sein und kommt daher in den Kühlschrank. Die Kinder räumen die Teller weg. Alles ist wieder da, wo es hingehört.

Toll gemacht! Alle haben ein paar Sachen abgeräumt. Kannst du ihnen den Daumen hoch geben?

1   2   3

Spaß draußen

Es wird höchste Zeit für ihren Plan. Sie wollen draußen Spaß haben. Schau mal zu Herrn Spur! Der Zug hat drei Aufgaben für sie. Kannst du sehen, was Adrian und Super-A zuerst machen sollen?

Zuerst müssen sie sich ... gut für das Wetter anziehen.
Dann ... eine Sandburg bauen.
Zuletzt ... ihre Mäntel und Stiefel wegräumen.

Super-A, hilf uns! Wir brauchen dein Super-Gehör! Super-A hört die Blätter und den Regen zu Boden fallen. Nasse Blätter und Wasserpfützen draußen – das bedeutet Superschutzkleidung!

Die kleine Triggeretta denkt, sie sollten sich einen Badeanzug anziehen. Aber fragen wir doch lieber Daumi. Bist du bereit?

Sollten sie sich einen Badeanzug anziehen?
    Nein, Daumen nach … unten! Viel zu verrückt.
    Ein Partykleid? Nein, Daumen nach … unten!
    Gummistiefel? Ja, Daumen … hoch!
    Einen Sonnenhut? Nein, Daumen nach … unten!
    Schlafanzüge? Nein, Daumen nach … unten!
    Eine Regenjacke? Ja! Daumen … hoch!

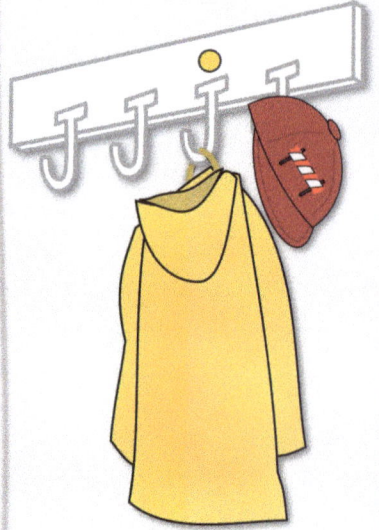

Adrian ist heute schnell. Er hat schon seine wasserdichten Hosen angezogen, ebenso seinen Regenmantel, eine warme Mütze und die blauen Gummistiefel.

Aber Super-A war in Eile! Was hat Super-A vergessen?

Super-A hat vergessen, ihren Regenmantel anzuziehen.

Also hilft Papa ihr dabei, ihn anzuziehen. Er sagt: „Rechte Hand rein ... und rechte Hand raus. Linke Hand rein ... und linke Hand raus."

Jetzt sind Adrian und Super-A auf das Wetter gut vorbereitet. Alles, was sie für den Regen brauchen, haben sie angezogen.

☞ Siehst du Herrn Spur? Der Zug kann das erste Bild in seinen Waggon legen. Nur noch zwei Aufgaben. Herr Spur fährt weiter.

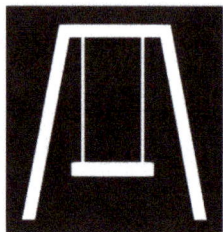

Super-A will, dass ihre Mutter mit auf den Spielplatz kommt. Aber Mama muss neue Winterstiefel kaufen. Irgendjemand muss das ja auch tun ...

Adrian braucht nicht Mama, er bracht nur seine Planierraupe.
„Willst du auch eine Planierraupe mitnehmen? Die gelbe?" Papa sieht Super-A an, als er sie fragt.
„Nein ... danke." Super-A schüttelt den Kopf.
„Macht nichts", sagt Papa, „wir wollen nicht immer alle das Gleiche."

Auf dem Spielplatz ist es so, dass Adrian und Super-A abwechselnd bestimmen dürfen. Super-A ist als Erste dran. Was will Super-A tun?

Schaukel oder Rutsche?
Super-A will auf der Rutsche rutschen.

Es hat zu regnen aufgehört, aber die Rutsche ist noch nass. Zum Glück haben sie ihre Superschutzkleidung an. Jetzt können sie rutschen, selbst wenn die Rutsche noch nass ist. Aber, oh nein! Die kleine Triggeretta vergisst zu warten, bis die Rutsche frei ist. Die kleine Triggeretta knallt fast in Super-A hinein. Gut, dass Super-A so schnell ist! Sie fliegt nach oben und aus dem Weg.

Jetzt will Super-A, dass alle schaukeln, aber sie müssen sich ja abwechselnd entscheiden. Wer ist dran?

Adrian ist an der Reihe zu bestimmen. Papa guckt Adrian an und fragt: „Was willst du spielen?"

☞ Adrian will im Sandkasten spielen – Super-A aber nicht. „Nein, niemals!", schreit Super-A. „Ich will schaukeln!"

Aber Papa sagt, dass sie eine große Burg aus Sand bauen können. Also denkt Super-A um. Sie vergisst die Schaukel. Sie denkt an die Sandburg stattdessen. Ihre Meinung hat die Spur gewechselt! Und Super-A ist wieder glücklich.

☞ Herr Spur ist auch glücklich. Es wird Zeit für das zweite Bild!

Adrian beginnt, seinen blauen Eimer mit Sand zu füllen. Super-A entscheidet sich, ihren gelben auch zu füllen. Dann hilft Papa ihnen, die Eimer umzudrehen. Sie bauen eine Burg mit vier Türmen.

Sie finden auch einige Steine. Sehr vorsichtig setzen sie die Steine auf die Burg. Sie wollen sie nicht zerstören. Adrian findet ein Blatt. Das kann eine Fahne sein! Adrian steckt die braune Blattfahne auf die Burg. Adrian und Super-A schauen sich ihre Burg an und sie sind stolz. Aber dann ...

Oh nein! Die kleine Triggeretta sagt: „Nein!" Sie will die Flagge nicht. Nur die Steine. Sie beginnt um sich zu treten.

Wollen wir, dass die Burg auseinanderfällt?
Nein, Daumen nach ... unten!

Also repariert Papa das Loch mit etwas Sand. Papa sagt, dass man nicht tritt und auch niemanden an den Haaren zieht. Man redet stattdessen. Die kleine Triggeretta und Super-A entschuldigen sich. Dann baut Papa ein neues Schloss für die kleine Triggeretta. Eins ohne eine Fahne. Jetzt haben sie zwei Burgen. Und sie haben ihr zweites Bild fertig. Noch eine Aufgabe kann in den Waggon von Herrn Spur gehen. Gut gemacht!

Super-A ist wieder an der Reihe, zu entscheiden. Sie will, dass alle schaukeln. Adrian ist nicht an der Reihe, zu bestimmen Aber er möchte mit seiner Planierraupe spielen. Das will Super-A nun wirklich gar nicht. Papa sagt, man kann verschiedene Sachen machen. Man muss nicht immer die gleichen Sachen zusammen machen. So bekommen sie beide, was sie wollen.

Adrian fängt an, mit seiner Planierraupe zu spielen. Er ist glücklich. Super-A geht jetzt zu den Schaukeln. Sie ist auch glücklich! Aber dann schreibt die kleine Triggeretta „Mama" in den Sand. Dann will Super-A nach Hause.

Sie vermisst Mama. Papa sagt, sie soll warten. Aber Super-A hat keine Lust. Sie will jetzt nach Hause gehen. Nicht später. Nicht bald. Jetzt!

Adrian will aber noch länger spielen. Er ist noch nicht fertig mit dem Graben. Also kommt Mama und holt Super-A ab. Adrian kann noch etwas länger graben.

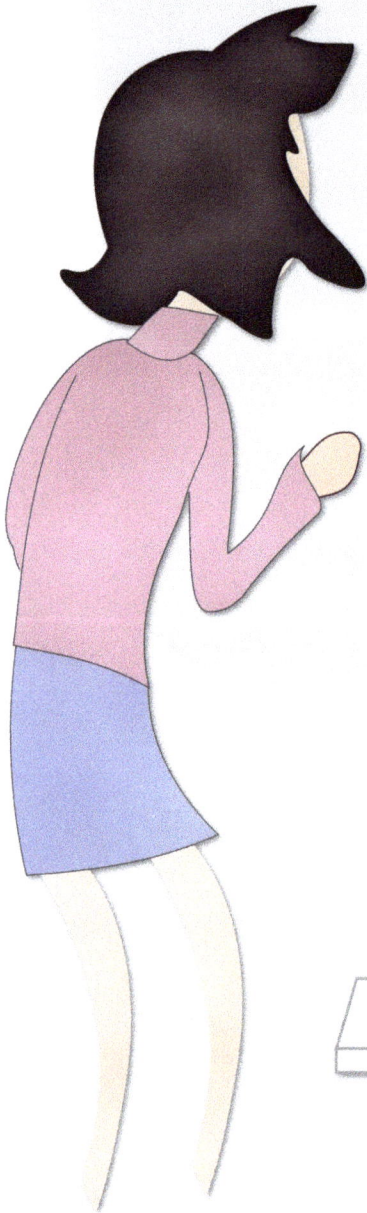

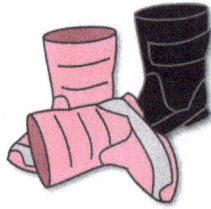

Mama hat Winterstiefel gekauft. Das hat sie getan, als Super-A auf dem Spielplatz war.

Nun gibt es drei neue Paar Stiefel, die zu Hause warten. Super-A h-a-s-s-t neue Schuhe, aber sie will gar nicht, dass jemand anderes für sie wählt. Deshalb probiert sie alle an. Die gelben sind die schönsten. Ihre Augen mögen sie. Aber ihre Füße mögen lieber die schwarzen. Die schwarzen Stiefel drücken weniger und das Futter ist kuschelig und weich. Die Füße dürfen heute wählen!

Mama setzt einen neuen gelben Punkt auf das Schuhregal. Das heißt, hier werden die schwarzen neuen Stiefel wohnen.

Mama wird die anderen neuen Stiefel in den Laden zurück-bringen. Die rosa und die gelben Stiefel sind un-gewählt.

Adrian kommt auch herein. Er hängt seinen Mantel auf und stellt die Stiefel auf das Schuhregal. Super-A schaut Herrn Spur an und sie sieht ihre Kleider auf dem ganzen Boden.

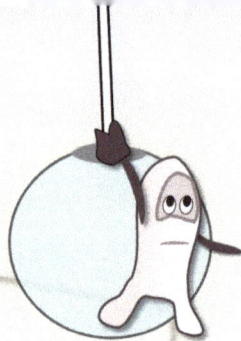

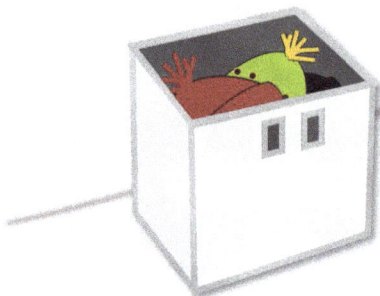

Super-A hebt ihre Gummistiefel auf. Die Gummistiefel sollten auf dem Schuhregal stehen, direkt neben ihren neuen Winterstiefeln. Sie hängt ihren Mantel auf den Bügel mit dem gelben Punkt. Auftrag erfüllt! Siehst du nun, wie Herr Spur sich freut? All ihre Aufgaben sind ja fertig.

Zuerst haben sie sich ... gut für das Wetter angezogen.
Dann ... eine Sandburg gebaut.
Und zuletzt ... ihre Mäntel und Stiefel weggeräumt.

Mit einem Pfiff kann Herr Spur endlich losfahren und ein Päuschen machen! Seine Waggons sind alle voll. Töff-Töff!

Aber die Mama ist noch nicht fertig. Mama zeigt Super-A vier völlig neue Kleider. Sie sind alle gleich. Gelb, wie Super-A es mag. Aber trotzdem – neu!
„Nach dem Abendessen kannst du eins anprobieren", sagt Mama.

Hmm. Wir werden ja sehen ...

Schneiden Sie die Papierpuppen und Piktogramme aus.
Üben Sie mit Ihrem Kind das Anziehen!

1) Was sollen Adrian und Super-A im Haus tragen? Und draußen im Regen?
Lassen Sie Ihr Kind die Papierpuppen anziehen. Mögen die Puppen ihre Kleider?

2) In welcher Reihenfolge ziehen wir unsere Kleidungsstücke an?
Ordnen Sie die Piktogramme!

3) Wo bewahren wir unsere Kleidung auf?
Geben Sie ein Piktogramm und lassen Sie Ihr Kind auf die Suche gehen, um seine eigenen
Kleider zu finden. Legen Sie die echten Kleidungsstücke auf den Boden in der richtigen
Reihenfolge mit einem Piktogramm oben drauf. Lassen Sie alles für morgen draußen!

4) Wie fühlen sich verschiedene Kleidungsttücke an? Welche Farben, Texturen und
Muster gefallen Ihrem Kind am meisten? Gibt es etwas an der Kleidung, das Ihrem Kind
nicht gefällt? Warum? Wie fühlt sich die Kleidung auf seinem Körper an?

Kann Ihr Kind auch Ihre Kleider finden oder die Kleider von Geschwistern?
Welches sind die Lieblings-Kleidungsstücke von Freunden und Familienmitgliedern?
Warum? Haben sie die gleiche Art von Kleidungsstücken gerne?

5) Was trägt Ihr Kind im Regen? Geben Sie Ihrem Kind einen Ausschnitt und lassen Sie
Ihr Kind Ihnen den Regenmantel und die Gummistiefel zeigen.

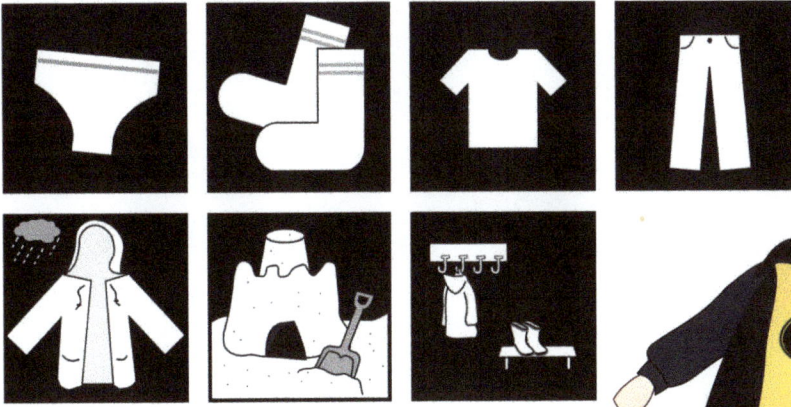

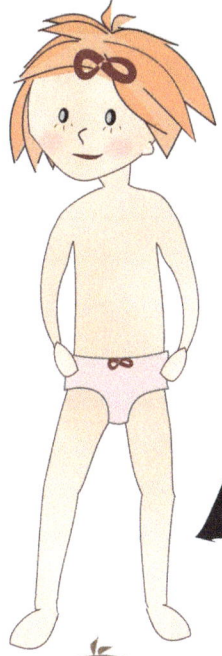

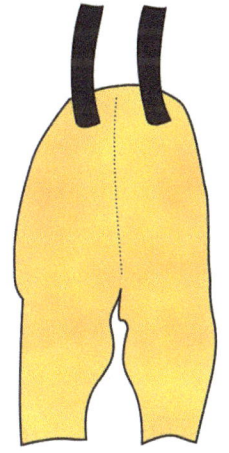

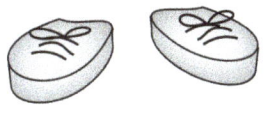

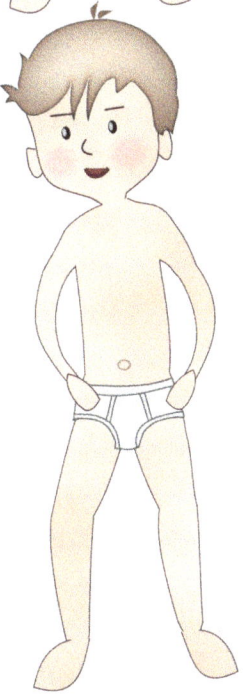

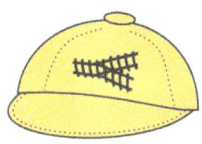

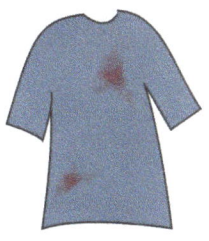

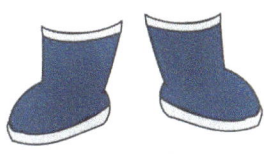